RÉFLEXIONS
SUR
LA NOUVELLE ÉDITION
DE CORNEILLE,

Par M. DE VOLTAIRE;

OU

RÉPONSE A LA LETTRE
Apologétique de cet Ouvrage.

A AMSTERDAM.

M. DCC. LXIV.

RÉFLEXIONS
A LA LETTRE
SUR
LA NOUVELLE ÉDITION
DE CORNEILLE.

VOTRE Lettre, Monsieur, n'avoit fait que me confirmer dans mon opinion; & mon amour-propre, flatté d'être si bien d'accord avec vous, l'a fait courir aussi-tôt dans toute la Ville. En Province, les nouveautés excitent une sensation bien plus vive que dans la Capitale, où la variété des objets en diminue l'impression. Vos réflexions ont produit une espèce de guerre civile dans ce pays-ci. Les Partifans de Corneille le défendent avec chaleur ; & je vous avouerai qu'en écoutant leurs raifons, j'ai tremblé quelquefois de voir détruire une grande partie des nôtres. Le Doyen de notre Académie furtout, eft un des Antagoniftes les plus redoutables du parti de Racine. Il eft venu chez moi, votre Lettre à la main ; & il a entrepris de la réfuter toute entière devant une Affemblée nombreufe. Je vais vous expofer exactement la manière dont il s'y eft pris ; c'eft lui-même qui va parler.

Voici déjà, nous a-t-il dit, voici une forte préfomption contre les Commentaires ! Cette Lettre, qui ne femble faire que pour prendre leur défenfe, commence par des plaintes au Public fur fa bifarrerie & fon injuftice, plaintes trop fouvent répétées par tout Auteur d'ouvrages fans fuccès. Aucun ne manque de nous remettre modeftement fous les yeux les exemples du Cid & d'Athalie, & d'appeller des jugemens de la multitude à ceux du petit nombre qui ne les en vengent presque jamais. Quoiqu'en dise l'Auteur de la Lettre, il n'est point étonnant & il est très-juste que le Public soit sévère à l'égard des Ecrivains qui nous ont déjà donné des preuves de leurs talens. C'est avec raison qu'on ne peut les souffrir au-dessous d'eux mêmes; & il en est sûrement beaucoup qui ne doivent qu'à cette rigueur utile l'avantage de soutenir & même d'augmenter leur réputation. Peut-être leurs Ouvrages ne seroient-ils que médiocres, si l'on n'avoit pas exigé qu'ils fussent excellens. La critique est une Déesse armée de verges, qui conduit rudement au Temple de la gloire. Malheur à ceux qui viendront à bout de la fléchir ! Ils retomberont dans l'obscurité, sans qu'on s'apperçoive de leur chûte. Mais lorsque les Ouvrages d'un homme connu ne sont point inférieurs à ceux qu'il a ci-devant mis au jour, l'expérience prouve que la réussite des premiers ne fait aucun tort aux autres. Le succès du Cid n'a mis aucun obstacle à celui de Cinna, de Polieucte & de Rodogune; Rhadamiste a été applaudi autant qu'Electre qui l'avoit précédé & l'Auteur des Commentaires n'a qu'à se louer de l'indulgence du Parterre, qui a reçu si favorablement Tancrede & Olimpie, Ouvrages du même homme qui a produit jadis Alzire, Brutus & Mahomet. Au reste ces plaintes au Public & les réponses que l'on y fait, tout cela ne peut regarder personnellement M. de Voltaire, dont la réputation est hors de toute atteinte. Elle est parvenue à un tel point, qu'il peut en sûreté nous donner autant d'Ouvrages foibles qu'il lui plaira. Dans ce dernier cas seulement, les gens équitables distinguent l'homme de ses Ouvrages ; l'on respecte & l'on estime l'Auteur, qui s'est acquis ce droit pour toujours par ses anciens travaux; & l'on juge ses dernières productions avec rigueur, parce qu'il faut tout sacrifier au bon goût & à la vérité.

Mais voyons fi c'eft avec tant d'injuftice que toutes les voix fe font élevées contre les Commentaires fur les Tragédies de Corneille. Ne pénétrons pas les motifs du Commentateur. Il eft un fait certain; c'eft que, dans tout le cours de l'Ouvrage, on apperçoit un paralelle continuel de Racine avec Corneille, & que ce parallele ne paroît fait que pour élever la gloire de Racine, fur les débris de celle de fon immortel rival. On eft tenté de croire qu'il faut que l'un de ces deux grands hommes renverfe l'autre. Mais, ofons le dire pour l'encouragement & la confolation des talens prêts à éclore, l'on peut régner plufieurs dans l'empire des Lettres ; & dans ces derniers tems, l'Auteur d'Atrée & celui de Zaïre ont tenu long-tems enfemble le fceptre de Melpomène.

On eft étonné que l'on puiffe comparer Racine avec Corneille ! Qu'y a-t-il donc de fi furprénant qu'on mette en comparaifon le Cid & Andromaque, Phèdre

& Rodogune, Cinna & Athalie? Voilà, je crois, la première fois que cela aît paru si extraordinaire. Jusqu'ici les Critiques les plus éclairés, les meilleurs Ecrivains, les S. Evremond, les la Bruyère, après avoir examiné, après avoir pesé avec soin les beautés & les défauts de ces deux Poëtes, sont restés en balance entre eux. Aujourd'hui l'on voudroit presque nous persuader que le grand Corneille disparoît devant son rival, comme les étoiles au lever du Soleil. C'est un beau songe, qui surprend au reveil ceux qu'il tenoit dans l'illusion. *Quelques éclairs*, nous dit-on sans cesse, *quelques Scènes, même un bel Acte n'ont jamais fait une belle Tragédie.*

Mais vous, défenseurs si hardis de ce que vous appellez le bon goût & la vérité, répondez sans déguisement; soyez de bonne-foi; n'y a-t-il que des éclairs & quelques Scènes, n'y a-t-il qu'un bel Acte dans Cinna, dans Héraclius, dans Polieucte, dans Rodogune, & même dans les Horaces qui seroient peut-être une des plus belles Tragédies du Théâtre, si son Auteur l'eut voulu réduire à trois Actes? Non, les Héros de Corneille, tout grands qu'ils sont, ne sont point hors de nature; & c'est un de ses plus grands mérites. Le caractère de Cléopatre, quelque affreux qu'il paroisse, celui d'Auguste quelque généreux qu'il soit, ceux de Pompée, de Sertorius, de Cornélie, quelgrands que l'Auteur les ait peints, tous ces caractères ne sont point hors de la vérité. Pour en juger sainement, il faut prendre les sentimens des Héros de l'ancienne Rome; & dans cette Capitale du Monde, Corneille auroit eu des Statues. Au dernier siècle, le Royaume étoit rempli d'hommes chez lesquels la noblesse & la grandeur d'ame n'étoient point étrangères, qui se retrouvoient dans les personnages de notre premier Tragique & qui en jugeoient par l'impression qu'ils faisoient sur eux. Le grand Condé étoit l'homme du monde le plus fait pour admirer le grand Corneille. L'un étoit dans les armées, ce que l'autre étoit dans les Lettres ; leurs ames étoient au niveau. Mais aujourd'hui que l'amour de la Patrie s'éteint dans tous les cœurs ; que les principes sacrés de l'ordre & du bien public s'affoiblissent dans tous les esprits ; aujourd'hui que les ames se rétrécissent & se concentrent dans de vils intérêts particuliers : l'Héroïsme & la grandeur d'ame perdent tous les jours de leur prix à nos yeux ; tout cela ne nous semble plus dans la vérité ; ce sont pour nous des choses hors de nature. S'ils n'eussent vécu dans le même tems, jamais un Sibarite n'eut soupçonné l'existence d'un Spartiate.

Un autre mérite des Pièces de Corneille, c'est d'avoir presque toujours un but moral. La plûpart de ses Tragédies élévent l'ame, inspirent des sentimens nobles, nous portent à la vertu, ou nous remplissent d'horreur pour le vice ; c'est le précepteur du genre-humain : au lieu que la plûpart de celles de Racine ne paroissent avoir d'autre objet que de justifier nos foiblesses, qui, dans ses ouvrages, excitent toujours la pitié, plûtôt que l'indignation. En voyant les Drames de Corneille, on est transporté dans un monde plus grand; on se croit soi-même un Héros, un Dieu. En voyant ceux de Racine, on retombe sur la terre; on n'est qu'un homme & souvent moins qu'un homme; on est foible, & on se plaît à l'être. A quoi sert, nous dit-on encore, de peindre des vertus si éloignées de nos mœurs? Est-il possible d'atteindre à la grandeur imaginaire de pareils Héros? Je veux bien supposer un instant que tout ces efforts de générosité sublime, tous ces grands sentimens surpassent les forces de l'humanité. Qu'en résultera-t-il? C'est qu'un homme sur lequel ces Héros auront fait assez d'impression pour lui donner le désir de leur ressembler, en travaillant à y parvenir, acquérera toute la noblesse d'ame dont il est susceptible. En cherchant le grand-

Œuvre, les Alchymiftes ont trouvé plufieurs fecrets utiles.

Racine eft venu plus tard; il avoit plus de goût. Corneille, comme fes ennemis font forcés d'en convenir, avoit *un génie plus fier, plus élevé, plus vigoureux*; & il ne le devoit à perfonne. Il n'eft point de beautés de détail, point de beautés de ftyle qui puiffent égaler une idée fublime, de grands traits, une grande imagination. Il eft à préfumer que Virgile l'a emporté fur Homère pour le ftyle & la verfification; & cependant Homère fera toujours le premier des Poëtes. Plus on y réfléchit, & plus on trouve de rapports entre lui & Corneille. Tous deux ont eu une imagination vafte, féconde, forte, variée: & c'eft par ce don célefte que l'homme approche le plus du Créateur; tous deux ont produit dans leurs Poëmes une infinité de perfonnages différens qui chacun ont leur caractère propre; tous deux font inégaux; tous deux font inftructifs & fublimes. On a remarqué depuis peu que *Corneille a fait trente trois Pièces, où il est presque toujours nouveau, & que Racine n'en a fait que douze où il est presque toujours le même.* Rien ne compense la supériorité du génie ; & pour imiter la hardiesse de nos Adversaires, j'oserai dire que le Tragique Crébillon me paroît avoir un génie plus ferme & d'une trempe plus forte que Racine, quelque séduisant que soit le style de ce dernier. Qu'on ait réussi en suivant les traces de Racine ; qu'on se soit égaré sur celles de Corneille : n'en doit-on pas conclure que plus le génie est supérieur, plus il est difficile d'y atteindre. Il est plus aisé d'approcher de Virgile que d'Homère. Une infinité d'Orateurs se sont proposé d'imiter la manière de Fléchier ou celle de Massillon ; quelques-uns y ont réussi. Aucun n'a seulement été tenté de prendre celle de Bossuet. Le génie ne s'imite point.

On peut même ajouter qu'il ne perd presque rien dans les traductions. « Toutes

» les Tragédies de Corneille & de Ra-
» cine, dit la Grange-Chancel, font
» traduites en Hollandois. J'ai toujours
» remarqué que les Pièces du premier
» n'étoient pas moins admirées dans la
» traduction que dans l'original, & que
» celles de l'autre, privées des Ornemens
» du langage, perdoient infiniment de
» leur prix. » Il faut se souvenir que la
Grange-Chancel étoit Disciple de Racine.

Mais les charmes du style & de la versification, ne manquent pas toujours à Corneille. Qu'y a-t-il de mieux écrit en françois que certains morceaux de Cinna, des Horaces & de Rodogune ?

On accuse les Défenseurs de Corneille d'enthousiasme ; ce reproche ne conviendroit-il pas mieux à leurs Adversaires ? En rendant le tribut d'hommages dû aux beautés mâles & sublimes du Créateur de notre Théâtre, nous rendons justice aux Ouvrages de cet homme illustre, qui a mis sur la Scène des beautés d'un autre, nous convenons que Racine est le Dieu du goût, comme Corneille est le Dieu du génie ; nous avouons que Racine est le Poëte qui ait le mieux écrit en vers, & que personne ne l'égale pour la pureté du style & la perfection dans les détails. Mais admirer l'un de ces deux Poëtes à l'exclusion presque totale de l'autre ; mettre un intervalle immense entre eux ; ne pas concevoir qu'on puisse les comparer ; ne voir dans l'un que des éclairs de génie & quelques Scènes ; ne voir que dans l'autre la perfection de l'art Dramatique : n'est-ce pas là manifestement le Fanatisme de la Littérature ?

Passons aux autres reproches que l'on a faits au nouvel Editeur.

Le premier, c'est de s'être trop étendu sur les notes grammaticales. Pour détruire ce reproche, l'Auteur de la nouvelle Lettre se contente de nous dire encore que le but de M. de Voltaire a été *d'instruire les jeunes gens & d'être utile aux étrangers*. Mais le Commentateur ne l'a-t-il pas dit assez lui-même ? S'il ne lui a pas été possible de nous en convaincre, croit-on nous persuader mieux par une simple répétition ? Quoi ! Toutes ces fautes de langage avoient-elles besoin de remarques ? Ne se font-elles point assez remarquer d'elles-mêmes ? Ne sait-on pas que c'est moins à Corneille qu'à son siècle qu'il faut les attribuer ? A-t-on jamais vû nos Ecrivains justifier leurs défauts par de pareils exemples ? Quels sont les Etrangers qui ignorent que Corneille a écrit avant que la langue fût formée ? Pour leur instruction & pour celle des jeunes-gens, il eut été plus que suffisant de faire cet examen sur une des Pièces de Corneille & de donner un simple avertissement pour toutes les autres. Les seules notes grammaticales qu'il falloit laisser, ce sont celles qui sont faites sur des tours singuliers, sur des expressions nouvelles, sur des mots énergiques & quelquefois nécessaires que l'on a eu tort de ne pas adopter. Tout le reste n'est propre qu'à éblouir le commun des

Lecteurs

Lecteurs & à groffir à leus yeux les défauts de Corneille. Mais le défenfeur des commentaires va plus loin ; il avance que l'Editeur n'a point fait affez de notes fur le langage, & qu'un plus grand nombre auroit été fort utile pour fixer la langue françoife & en faire celle de tous les pays. Comme fi notre langue avoit befoin de toutes ces remarques, pour être fixée ! Comme fi nos bons Ouvrages en tout genre n'avoient pas déjà produit cet effet ? Comme fi elle n'étoit pas la langue de toute l'Europe, avant les Commentaires !

On auroit défiré que l'Editeur examinât plus en grand les Tragédies de Corneille. La Lettre répond à cela qu'il a fait toutes les obfervations néceffaires, à mefure qu'elles fe font préfentées. Mais auroit-ce donc été une chofe fi déplacée dans les Commentaires, fi l'Auteur, à la fin de chaque Tragédie, eût jetté un coup d'œil rapide fur l'enfemble & fur le total de la Pièce, fur la liaifon des Scènes & des Actes ? Cette partie ne

B

manque-t-elle pas abſolument à ſon ouvrage?.

Ce n'eſt point le paralelle de Corneille avec Racine que l'on a blâmé. C'étoit un projet louable de faire ſentir le mérite de Racine à ceux qui le connoiſſent aſſez peu, pour ne voir en lui qu'un ſimple verſificateur. On ſait auſſi combien les comparaiſons des beautés & des défauts, dans les bons Ouvrages, ſervent à former le goût. Mais ce qu'on reproche au Commentateur, c'eſt de ne comparer preſque jamais que des défauts de Corneille à des beautés de Racine; c'eſt de ne point rapprocher la ſublimité du premier de l'adreſſe du ſecond; c'eſt de ne faire ce parallele qu'avec Racine ſeulement; c'eſt de ne point rappeller, quand l'occaſion s'en préſente, de beaux endroits des Tragédies de Crébillon, ou même d'autres Pièces eſtimées comme de Venceſlas, de Manlius, d'Inès de Caſtro, de Didon, &c. Au lieu de notes grammaticales, il falloit, pour rendre cette Edition intéreſſante, chercher dans les Théâtres anciens & modernes les morceaux les plus propres à exciter la curiosité & les citer à propos. On ne devoit pas même négliger les Auteurs du second rang; puisqu'il échappe quelquefois, même à un Ecrivain médiocre, les idées les plus heureuses. Qu'importe à l'art de qui soit un Ouvrage ? C'étoit-là le vrai moyen d'être utile aux jeunes-gens qui se destinent à travailler pour le Théâtre.

Sur ce qu'on n'a pas approuvé le Commentateur d'avoir entrepris cette Edition au profit de la nièce & aux dépens de la réputation de l'Oncle : l'Auteur de la Lettre s'écrie qu'on l'auroit blâmé bien davantage, s'il n'eût fait qu'un fade Panégyrique. Sans doute, & l'on auroit eu raison. Ce sont deux excès également à éviter. N'y a-t-il donc aucun milieu entre une sévérité outrée & un éloge insipide ? Ne pouvoit-on être utile aux gens de Lettres, qu'en déprimant le premier Tragique de la France ? D'ailleurs on ne voit pas de ces Enthousiastes dont on nous parle, de ces hommes qui soutiennent que le style de Corneille n'est point défectueux; un aveuglement pareil est un Phénomène. Il en est quelques-uns au contraire à qui ces défauts de style empêchent de voir toutes les beautés de Corneille. C'eut été une belle chose que d'étendre aussi sa prévoyance sur cette espèce d'inconvénient.

Qui jamais, nous dit-on, a rendu plus de justice à Corneille que son nouvel Editeur? Ouvrez le livre; vous y verrez partout que Corneille est appellé le *Créateur du Théâtre; qu'il est mis au rang des génies du premier ordre;* que les critiques les plus sévères y sont accompagnées d'un correctif; &c. &c. &c.

Mais on n'a jamais accusé l'Auteur des Commentaires d'avoir manqué d'adresse. Quand le piège est grossier, personne n'y est pris. Il est visible que l'Editeur craint à chaque instant que ses observations n'effarouchent le Lecteur & ne finissent par le révolter. Les correctifs sont pour le

Commentateur, & les critiques excessives pour l'Auteur commenté.

On a oublié dans la Lettre justificative un des principaux reproches faits à la nouvelle Edition. C'est de nous avoir rapporté tous les Ouvrages où Corneille a pris ses sujets, tant de morceaux de Guilain de Castro, l'Eternelle Tragi-comédie du Poëte Caldéron, &c. &c. Le Public n'a pu s'imaginer que les détracteurs de Corneille n'ayent pas songé à diminuer sa gloire par cette heureuse invention. Comment ce grand homme a-t-il pu mériter un procédé si peu ménagé? On l'a vu indiquer lui-même les sources où il a puisé. Les gens qui sont opulens par eux-mêmes ne s'avisent point de cacher leurs dettes.

Enfin nous voici arrivés à la dernière, à la grande accusation intentée contre l'Auteur des Commentaires. Il s'agit d'une prétendue jalousie de la gloire de Corneille. Pour cet article, je suis entièrement d'accord avec la nouvelle Lettre.

Je ne puis concevoir que M. de Voltaire ôte la Couronne Dramatique de deſſus la tête de Corneille, pour la mettre ſur celle de Racine : quoique ce ſoit toujours un concurrent de moins dans le Temple de la gloire. Je ne puis penſer qu'un Poëte entreprenne ſérieuſement de nous dégoûter de la Poéſie Lyrique, parcequ'il n'a pu faire de bonnes Odes. Jamais on ne me fera croire que M. de Voltaire aît fait l'Eloge ſatyrique de M. de Crébillon, à qui il rendoit autrefois tant de juſtice. Le plus éloquent Ecrivain que nous ayons aujourd'hui, M. Rouſſeau de Genève ne me perſuadera point que M. de Voltaire ſoit ſon ennemi ; il n'eſt point fait pour l'être.

Telles ſont, Monſieur, les réflexions du Doyen de notre Académie. Vous voyez qu'elles ne manquent pas de vivacité, malgré ſon grand âge. A vingt-cinq ans, ce devoit être un homme terrible. C'eſt un Académicien du dernier ſiècle qui tient fortement à ſes anciens préjugés.

Aureſte il me charge de vous écrire qu'il adopte volontiers toutes vos remarques ſur la ſimplicité du ſtyle. Il a ajouté que pour cette fois il s'étoit borné aux obſervations générales indiquées dans la Lettre; mais que, ſi on l'y forçoit, il ſe ſentoit encore aſſez de courage, pour entreprendre un examen plus détaillé, en ſuivant les notes du Commentateur.

FIN.

www.ingramcontent.com/pod-product-compliance
Lightning Source LLC
Chambersburg PA
CBHW070527050426
42451CB00013B/2890